LES VRAIS AMIS DE L'ORDRE

DOIVENT VOULOIR

CONSERVER LA RÉPUBLIQUE

> La tolérance politique, c'est le respect des opinions d'autrui. C'est d'accorder qu'on peut croire à une autre forme de gouvernement, la désirer, la servir, sans être ou un mauvais citoyen, ou un malhonnête homme.
>
> (*Discours de M. Thiers à l'Assemblée nationale, séance du 4 mars 1873.*)

> Il y a des hommes très-sincères, qui, voyant le mouvement actuel des sociétés européennes, croient très-sincèrement à la République, la désirent et y voient ce que, je vous l'avouerai, j'y vois souvent moi-même ; un des moyens les plus énergiques et les moins suspects de maintenir l'ordre.
>
> *Id. ibid.*

BEAUVAIS,

IMPRIMERIE EUGÈNE LAFFINEUR PLACE SAINT-MICHEL.

—

1873.

Cette petite brochure se compose de deux articles, qui ont paru dans le *Journal de l'Oise* des 15 et 29 juin 1871. Près de deux années se sont écoulées depuis qu'ils ont été écrits ; cependant, la situation politique a si peu changé, les partis qui se tiennent réciproquement en échec se sont montrés tellement impuissants, que ces articles ont encore un certain caractère d'actualité.

Au moment où on cherche à constituer *le grand parti de l'ordre*, il n'est pas hors de propos de démontrer que la République offre seule aujourd'hui les garanties de stabilité, qui sont la base essentielle de l'ordre. On peut dire qu'elle a fait ses preuves, car elle résiste depuis deux ans à toutes les attaques, à toutes les embûches, par la seule force de son principe, qui est celui de la souveraineté nationale.

Tous les hommes sincères doivent se rallier à la politique du Message pour établir définitivement le gouvernement du pays par le pays, c'est-à-dire LA RÉPUBLIQUE, fondée sur l'ordre véritable, sur l'honnêteté publique, sur le désintéressement, sur l'économie, sur la tolérance politique et religieuse, et sur une sage liberté.

Boissy-le-Bois, le 5 avril 1873.

H. DAUDIN.

LES VRAIS CONSERVATEURS

**sont ceux qui veulent aujourd'hui conserver
la République.**

———

Après la crise effroyable que nous venons de traverser,
la réorganisation de la France doit être l'objet des préoccupations les plus pressantes. La première question qui
se présente est relative à la forme du gouvernement sous
lequel notre malheureux pays devra se préparer à de nouvelles destinées.

Il est vrai que la République est aujourd'hui le gouvernement de fait, le gouvernement légal de la France.
Mais on ne peut se dissimuler qu'une grande partie de
l'Assemblée nationale a des préférences marquees pour la
forme monarchique, et que, dans le pays, beaucoup de
personnes éprouvent une sorte de répulsion pour la forme
républicaine, et pour le nom même de la République. Dire
de quelqu'un « c'est un républicain, » c'est, aux yeux de
bien des gens, lui donner une qualification défavorable.

Il importe de combattre un préjugé si fâcheux, et de
faire cesser un malentendu, involontaire ou calculé, qui
tend à prolonger la division entre les partis.

Instruits par l'expérience et par de cruelles épreuves,
beaucoup d'hommes honnêtes et désintéressés se sont prononcés pour la République, qui auraient vu avec bonheur
la monarchie constitutionnelle prendre racine, et donner

à notre pays un gouvernement stable, par un heureux et constant accord entre la liberté et l'autorité.

Quand un homme naturellement porté vers les idées monarchiques, par sa position sociale, par sa fortune, par ses relations de famille ou de société, vient déclarer hautement, après les commotions violentes qui ont renversé la royauté, sans qu'il y ait pris part, que l'épreuve lui paraît décisive ; que la forme républicaine lui paraît seule propre désormais à assurer la tranquillité publique, à fonder un gouvernement durable sur la justice, sur la modération, sur l'honnêteté politique, sur l'économie, sur le développement du patriotisme et de toutes les idées généreuses; si vous dites de cet homme, qu'il est un républicain, vous faites son éloge. Vous reconnaissez qu'il a des convictions réfléchies, qu'il sait modifier ses tendances naturelles, d'après ce qui lui paraît juste et conforme à l'intérêt général.

Appuyons ces propositions par des exemples.

On a pu lire, dans le *Journal de l'Oise* du 6 mai dernier; une adresse à l'Assemblée nationale, par l'honorable M. de Tocqueville, membre du Conseil général de l'Oise. Dans ce manifeste, aussi remarquable par le style que par la solidité de la pensée, M. le vicomte de Tocqueville, qui certes n'est pas un républicain fanatique, ni même, très-probablement, un républicain d'ancienne date, se prononce hautement pour la forme républicaine à l'instar des Etats-Unis d'Amérique.

« Si nous osions exprimer, dit-il, quelle est, quant à
« la nature du gouvernement, notre préférence person-
« nelle, nous dirions que c'est la république, comprenant
« celle qui, selon la belle expression de Montesquieu, a
« pour base la vertu.

« La vraie république, celle des honnêtes gens, peut
« seule désormais délivrer la France de la fausse répu-
« blique et des faux républicains. *Aucun souverain ne
« sera de force à le faire, s'il n'exerce un pouvoir absolu,
« dont nous ne voulons plus.* »

« Ajoutons qu'une royauté, quelle qu'elle soit, en face
« de l'idée républicaine, *désormais impérissable*, ressem-
« blerait à un navire, portant attaché à son flanc, une tor-
« pille toujours prête à le faire sauter. »

Le Temps, dans son numéro du 2 juin, rapporte, d'après
le Courrier du Gard, une lettre de M. P. de Gasparin,
ancien député, dont la conclusion est : « qu'il faut, pour
« le moment, maintenir une république, qui réclame le
« concours de tous les citoyens dévoués, sans distinction
« d'opinion, et animés d'une seule passion, celle du tra-
« vail, de la justice et de l'honnêteté. »

Le frère de l'honorable conseiller général de l'Oise, cité
plus haut, M. le comte de Tocqueville, membre du conseil
général de la Manche, terminait ainsi une lettre écrite le
1er juin à l'*Union libérale de Tours*.

« Tous à l'œuvre ! que nos honnêtes campagnes, à
« l'exemple des villes, se prononcent ouvertement pour
« la république, en haine de la guerre civile et de l'anar-
« chie, et qu'elles contribuent, par leur concours, à assurer
« à notre malheureux pays, l'ordre, le travail et la
« liberté. »

Citons encore l'opinion du rédacteur en chef de l'*Union
Bretonne*, un des doyens de la presse, dont les sympathies
pour la cause légitimiste ne sont pas douteuses.

« Il n'y a de place actuellement en ce pays, dit M. Mer-
« son, pour aucune monarchie et pour aucun monarque.
« Il faut que l'épreuve du régime républicain soit entière,

« absolument entière ; et pour qu'elle soit absolument en-
« tière, il est indispensable qu'elle soit loyale. »

On pourrait multiplier ces citations, et prouver par là
que le nombre des républicains politiques s'accroît de jour
en jour. Que l'on soit arrivé à cette conviction un peu plus
tôt, ou un peu plus tard, on ne peut en faire un sujet de
reproche à ceux qui, par une étude sincère et désintéressée
des évènements, en sont venus les premiers à croire qu'il
n'y a de salut, que dans l'adhésion de tous à la forme
républicaine.

Si l'on veut aller au fond des choses, on reconnaîtra que
la révolution de 1789 a tué la monarchie en France, et que
les prétendues monarchies restaurées, dont on a fait l'essai,
n'étaient que des commencements de république. On avait
réellement la monarchie, quand Louis XIV, maître absolu,
pouvait dire : « l'Etat c'est moi, » quand, nommant à
toutes les charges, à toutes les dignités, s'il trouvait un
semblant de résistance chez le parlement, il entrait, le
fouet à la main, au sein de cette assemblée et forçait l'en-
registrement de l'édit, que la magistrature n'approuvait
pas.

La monarchie a réellement péri avec l'infortuné
Louis XVI. Le premier empire n'a pas été un gouvernement monarchique, c'était une tyrannie militaire. Le gouvernement qui, sous Louis XVIII et sous Charles X, a pris
le nom de monarchie constitutionnelle, n'a été, en réalité,
que la préface de la république.

La charte, en plaçant l'autorité royale, dans la personne
de ministres responsables, sous la dépendance d'une
assemblée législative, a fait passer réellement l'autorité
souveraine dans le corps électoral, c'est-à-dire dans la
nation elle-même. On avait bien laissé au roi le droit de

proroger et de dissoudre l'assemblée ; mais obligé d'en convoquer une autre, dans un délai déterminé, il devait nécessairement se retrouver bientôt devant ses juges, quelquefois devant ses ennemis. On sait comment, malgré le contrepoids cherché dans la pairie, malgré l'élévation du cens exigé pour l'exercice du droit électoral, malgré le serment imposé à chaque électeur au moment du vote, l'opposition grandissant à chaque renouvellement de la législature, le gouvernement chevaleresque de Charles X a été emporté en trois jours, par un soulèvement irrésistible, auquel les ordonnances ont servi de prétexte.

Les mesures, encore plus libérables, introduites à l'avénement de Louis-Philippe, n'ont été qu'un nouveau pas en avant vers la république. En vain la voix si populaire de Lafayette avait voulu donner le change à l'opinion, en proclamant que le gouvernement de cet excellent prince était la meilleure des républiques. En vain les fils du roi recevant, pour ainsi dire au milieu de nous, l'éducation la plus libérale, donnaient l'exemple des vertus qui font les bons citoyens, et des hautes qualités qui font les bons princes, les idées républicaines gagnaient du terrain, on en voulait au nom même de la monarchie.

On peut donc dire que les essais de monarchie constitutionnelle n'ont pas répondu à l'espérance des royalistes. Le navire avait déjà sa torpille au flanc, selon l'expression, aussi juste que pittoresque, de M. le vicomte de Tocqueville.

Après ces épreuves malheureuses, quand un élément nouveau, le plus dissolvant de tous, le suffrage universel, a été introduit dans la politique, y a-t-il lieu d'espérer qu'une restauration monarchique quelconque puisse avoir quelque chance de durée ?

On nous objectera, il est vrai, qu'on en est en France au troisième essai de la république, et que ces essais n'ont pas été heureux. Nous répondrons, avec M. Merson, que l'essai du gouvernement républicain n'a jamais été fait complétement ni loyalement. Ce qui rend, chez nous, la politique si peu stable et les révolutions si fréquentes, c'est que les partis tombés n'acceptent jamais leur défaite; ils créent des embarras au pouvoir nouveau et font tous leurs efforts pour ressaisir la position perdue.

Il faut, enfin, que les malheurs inouis qui nous accablent servent à tous de leçon. Il faut que tous les partis se confondent dans un grand parti national, qui n'aura qu'une pensée et qu'un but : rendre à la France sa grandeur et sa prospérité par un gouvernement stable, fondé sur l'ordre et sur la liberté, et n'ayant plus à craindre le retour des révolutions.

C'est aux royalistes qu'il appartient de donner un grand exemple de modération et de sagesse par une adhésion franche et sincère à la forme républicaine, toujours ramenée par les événements. Ils doivent considérer, surtout, qu'on ne peut revenir à la forme monarchique que par une révolution nouvelle ou par un coup d'Etat. La guerre civile, à peine étouffée, nous a coûté trop cher pour qu'on en coure de nouveau les risques. C'est leur faire honneur que de leur demander, au nom de la patrie en deuil, le sacrifice de leurs espérances. On n'adresserait pas une pareille demande aux républicains fanatiques, encore moins à ceux qui, cachant sous ce nom des intentions subversives, se sont nommés eux-mêmes *les irréconciliables*. C'est par l'union de tous les partis honnêtes qu'on les réduira à n'être plus qu'une faction infime et impuissante.

Qu'on cesse, enfin, de s'effrayer du nom de *République*,

qui signifie simplement *la chose publique*. C'est, dans sa plus grande sincérité, le gouvernement du pays par le pays : c'est la réalité du gouvernement constitutionnel.

M. Thiers a dit : « Que la monarchie constitutionnelle « est au fond une république avec un président hérédi- « taire. » Ne peut-on pas dire également que la répu- blique n'est au fond qu'une monarchie constitutionnelle avec un roi électif. temporaire et rééligible ? Combinaison qui garantit le pays contre les chances possibles d'avoir un roi trop jeune ou trop vieux, incapable, ambitieux, disposé à sacrifier l'intérêt national à l'intérêt dynastique.

Nous n'avons rien à changer pour réorganiser la France sous une forme de gouvernement à laquelle les deux plus grandes nations de l'antiquité, la Grece et Rome, ont dû une splendeur qui n'a jamais été surpassée. Sous ce gou- vernement, la jeune Amérique est déjà devenue la rivale ou l'émule de la vieille Europe.

L'Assemblée nationale a fait un grand acte d'apaisement et de conciliation en votant l'abrogation des lois qui tenaient les princes éloignés du sol de la patrie, à laquelle ils n'ont jamais cessé de donner des preuves d'un dévoue- ment absolu. Dans leur exil, ils n'ont jamais conspiré. Rentrés en France, ils ne feront rien qui puisse agiter le pays; nous en avons pour témoignage ces dernières paroles de l'adresse du duc d'Aumale aux électeurs de l'Oise :

« Dans mes sentiments, dans mon passé, dans les tra- « ditions de ma famille, je ne trouve rien qui me sépare « de la république. Si c'est sous cette forme que la France « veut librement et définitivement constituer son gouver- « nement, je suis prêt à m'incliner devant sa souveraineté, « et je resterai son dévoué serviteur. »

Après un si noble exemple, quels sont les royalistes

obstinés qui ne consentiraient pas à faire un essai loyal et complet de la forme républicaine ? Ce gouvernement fonctionne régulièrement, à la satisfaction de tous. L'illustre chef du pouvoir exécutif, après les difficultés et les périls qu'il a surmontés, rendra la tâche facile à son successeur. La prudence commande donc de ne pas renverser ce que la force des choses a établi. En un mot, LES VRAIS CONSERVATEURS SONT CEUX QUI VEULENT AUJOURD'HUI CONSERVER LA RÉPUBLIQUE.

LA RÉPUBLIQUE

est plus capable que la Monarchie de maintenir l'ordre
et de désarmer l'insurrection.

Au milieu des fluctuations de la politique, le programme
adopté par tous les partis, celui que tous se vantent de
pouvoir réaliser, c'est l'alliance de l'Ordre avec la Liberté.
Donner au pays la plus grande somme possible de liberté,
en supprimant la licence ; comprimer, sans recourir à des
lois draconiennes, les mouvements insurrectionnels, qui
se reproduisent périodiquement avec une violence toujours
croissante : voilà l'idée que l'on poursuit vainement.

Il est facile de démontrer que la forme républicaine est
celle qui se prête le mieux à l'alliance de l'Ordre avec la
Liberté.

On ne peut s'empêcher de reconnaître que la République
est la dernière expression du gouvernement libre ; mais,
on n'admettra pas aussi facilement que cette forme de
gouvernement présente, plus que la forme monarchique,
les garanties d'ordre et de paix intérieure, qui sont indis-
pensables au développement de tous les éléments de la
prospérité publique.

Il est d'abord un point capital, qu'il est impossible de
ne pas admettre : c'est que, avec le gouvernement républicain, il n'existe plus de motif, plus même de prétexte
sérieux, pour l'emploi de la violence. Les Révolutionnaires,

qui ont proclamé comme un principe absolu que, sous un gouvernement monarchique et personnel, l'insurrection est le plus saint des devoirs, ne peuvent en faire l'application au gouvernement républicain, sans se déclarer les ennemis acharnés de toute espèce d'organisation légale et régulière.

L'usage de la Liberté exclut nécessairement le droit de faire appel à la force. Si tous les citoyens peuvent se concerter, discuter les questions qui les intéressent ; s'ils peuvent élire librement ceux qui doivent défendre leurs intérêts, à tous les degrés de la hiérarchie sociale, dans les Conseils municipaux et départementaux, aux Assemblées nationales, et jusqu'au faîte du pouvoir, par le choix, direct ou indirect, du Chef du Pouvoir exécutif, n'est-ce pas un acte insensé, un retour aux excès les plus monstrueux des siècles barbares, que de vouloir substituer la force au droit et la violence à la légalité ?

Quand de pareils actes se produisent sous la Monarchie, même tempérée par la constitution la plus libérale, ils ont pour prétexte la résistance opposée par le souverain à ce qu'on prétend être le vœu national ou la volonté du pays. Le plus modéré, le plus désintéressé des monarques constitutionnels sera toujours soupçonné d'avoir des vues personnelles de gouvernement. On lui supposera des intérêts dynastiques contraires à l'intérêt national et aux tendances les plus légitimes de l'opinion publique. Parmi les partis plus ou moins hostiles, ceux qu'on nomme sous tous les gouvernements « l'opposition, » quelques-uns seront toujours prêts à épier les fautes commises, à les exagérer, à exciter l'opinion et à s'exalter eux-mêmes, pour essayer de renverser l'obstacle qui contrarie leurs désirs ou leurs prétentions.

Qu'il se produise des crises violentes, par l'effervescence des passions politiques, ou par l'explosion d'idées anti-sociales et de projets subversifs, il devient nécessaire d'opposer la force à la violence, et de rétablir l'ordre par les moyens rigoureux dont tout gouvernement doit être armé.

Dans ces douloureuses circonstances, les faits historiques les plus récents démontrent que le gouvernement républicain est mieux armé pour la répression que le gouvernement monarchique. En un mot, que la République, forte du droit abstrait et impersonnel qui lui appartient, triomphe du désordre et de l'émeute, là où la Monarchie est impuissante et se laisse abattre.

La Révolution de 1789, préparée par les publicistes du xviiie siècle, éclate en haine de la Féodalité et de la Monarchie de droit divin. Le malheureux Louis XVI essaye en vain, par des concessions et par l'acceptation de la constitution rédigée par l'Assemblée nationale, de désarmer les ennemis de la Royauté : il est sacrifié avec une foule de victimes. On peut supposer qu'il eût été épargné, que les excès sanglants qui désolèrent la France et épouvantèrent le monde n'auraient pas été commis, s'il n'eut été qu'un Chef du Pouvoir exécutif temporaire, pouvant être remplacé, sans conserver des droits personnels et sans laisser aux siens la qualité de prétendants.

Après la chute du premier Empire, la restauration des Bourbons rétablit la Monarchie légitime, tempérée par la Charte. Le gouvernement vraiment paternel de Louis XVIII et de Charles X ne peut faire perdre à la France le souvenir de la grande émancipation de 1789. Un mouvement insurrectionnel éclate à Paris, dans les journées de Juillet 1830. Malgré la présence d'une armée et le dévouement de la garde royale, la Royauté est obligée de rendre son épée et de s'avouer encore une fois vaincue.

Le champ était redevenu libre pour la République ; mais la nation fut entraînée par la popularité du duc d'Orléans, entouré d'une brillante famille de princes et de princesses, offrant le modèle de toutes les vertus publiques et privées. Après avoir donné au pays dix-huit années de calme et d'une prospérité sans exemple, le gouvernement du roi résiste obstinément à la réforme électorale réclamée par l'opposition ; les esprits s'irritent, un soulèvement a lieu dans Paris ; l'humanité du roi et le dévouement patriotique des princes se refusent à l'effusion du sang français : ils se retirent sans combattre, et la République de 1848 est proclamée.

Ainsi, dans l'espace d'un demi-siècle, trois fois la Monarchie s'est montrée impuissante à comprimer l'émeute et à vaincre l'insurrection. Pendant la même période, la République, au contraire, a manifesté une puissance irrésistible, pour rétablir l'ordre dans des circonstances peutêtre encore plus redoutables.

L'ancienne Commune de Paris, constituée en 1791, avait armé les sections, pour renverser la Convention nationale. Elle est d'abord vaincue par le commandant de l'armée de Paris, Barras, qui met fin au règne de la Terreur, dans la journée du 9 thermidor. L'année suivante, le général Bonaparte comprime une nouvelle émeute, en faisant mitrailler les insurgés du haut des marches de Saint-Roch.

En juin 1848, une formidable insurrection éclate contre l'Assemblée nationale et contre le gouvernement de la République. Le général Cavaignac, nommé Chef du Pouvoir exécutif, prend des mesures énergiques : après une lutte de trois jours, il réprime le mouvement socialiste, rétablit l'ordre, sauve la République et rassure la société menacée.

Autre exemple, d'une actualité palpitante. La République, à peine rétablie sur les ruines du second Empire, épuisée d'hommes et d'argent, encore sous l'étreinte de l'occupation étrangère, est forcée d'engager la plus terrible lutte contre les ennemis de l'ordre social, préparés et armés d'une manière formidable, à la faveur du siége soutenu par la population de Paris. Une armée, improvisée par les patriotiques efforts de l'illustre Chef du Pouvoir exécutif, emporte de vive force les forts et les remparts, que les Prussiens n'avaient pas osé attaquer, écrase l'insurrection et délivre Paris.

Ce n'est pas sous l'effort d'un soulèvement populaire que la République est tombée, après le 18 brumaire, ni après le coup d'Etat du 2 Décembre, auquel nous avons dû le second Empire, triste parodie du premier. Espérons que ces odieux attentats contre la souveraineté nationale n'auront plus d'imitateurs. La France les a payés trop cher, par les invasions de 1813 et de 1815, par les immenses désastres sous lesquels elle gémit encore aujourd'hui, pour qu'elle puisse encourager ou tolérer d'aussi criminelles entreprises.

Le rapprochement qui vient d'être fait entre la Monarchie et la République, aux prises avec l'insurrection, doit frapper les esprits les plus prévenus.

Sous le gouvernement monarchique, le Chef de l'Etat, le Roi, a une responsabilité réelle et directe, qui engage, d'une manière indéfinie, sa personne et tous les siens. Le Prince qui consolide son trône et cimente son pouvoir en versant le sang de ses sujets, quelque criminelle qu'ait été l'insurrection qu'il a dû combattre, quelque humain et débonnaire qu'il soit, quelque modérée qu'ait été la répression, conservera de cette répression même une sorte de stigmate attaché à son nom, un signe fatal qui rejaillira sur les siens et sur sa dynastie.

Si c'est la République qui a dû prendre la défense de l'ordre et du gouvernement légal, ce n'est pas de tel ou tel souverain qu'émanent tels ou tels ordres donnés à la force armée. C'est le Chef du Pouvoir exécutif qui s'est vu dans la douloureuse nécessité d'agir. Qu'il s'appelle Thiers ou Cavaignac, son nom pourra soulever, chez quelques-uns, d'injustes colères, mais la partie saine du pays lui rendra justice. On pourra d'autant plus lui faire honneur d'avoir défendu le pouvoir légal et rétabli l'ordre, qu'aucune arrière-pensée d'intérêt personnel ou de famille ne peut lui être imputée. Arrivé au terme de son pouvoir temporaire, il le remettra intact au successeur qui lui sera donné par la nation souveraine. De la lutte funeste engagée sous son autorité, il ne restera plus qu'un souvenir. La patrie. qu'il aura servie, continuera le cours de ses destinées dans une attitude impassible et sereine, comme un astre, un moment obscurci par l'orage, poursuit sa marche immuable dans un ciel où la foudre ne peut l'atteindre.

Ainsi, il est naturel et presque inévitable, que le Chef héréditaire d'un Etat monarchique hésite à donner des ordres impitoyables. Avec lui, la cause de l'ordre est sacrifiée, parce que cette cause est surtout la sienne. Tandis que, sous la République, le Chef du Pouvoir n'agit point pour lui-même, ni pour un intérêt de dynastie ou de famille. Il combat pour le salut du pays et pour la société menacée. C'est de là que lui viennent le sentiment du devoir accompli et l'énergique volonté, qui sont le gage de la victoire.

BEAUVAIS, IMPRIMERIE E. PAILLEUR.